I0568194

Cornelia Haas · Ulrich Renz

Mi sueño más bonito

わたしの　とびっきり　すてきな　ゆめ

Libro infantil bilingüe

con audiolibro y vídeo online

Traducción:

Raquel Catala (español)

Yumiko Saito, Koji Suda (japonés)

Aviso para los estudiantes de japonés

En el texto japonés del libro utilizamos un conjunto de kanjis simples, además de hiragana y katakana. Para los principiantes, estos kanjis se transcriben con caracteres Hiragana.

Ejemplo: 見(み)

En el apéndice encontrará el texto completo del libro utilizando el juego completo de caracteres Kanji, así como una transcripción en latín (Romaji) y una tabla de Hiragana y Katakana.

¡Diviértase con este maravilloso lenguaje!

Edición Sefa

Audiolibro y vídeo:

www.sefa-bilingual.com/bonus

Acceso gratuito con la contraseña:

español: **BDES1428**

japonés: **BDJA1910**

Lulu no puede dormir. Todos los demás ya están soñando – el tiburón, el elefante, el ratoncito, el dragón, el canguro, el caballero, el mono, el piloto. Y el pequeño leoncito. Al osito también se le cierran casi los ojos ...

Oye osito, ¿me llevas contigo a tu sueño?

ルルは　ねむれません。
ほかの　ぬいぐるみたちは　もう
夢(ゆめ)を　見(み)ています——
サメや　ぞう、小(こ)ネズミ、
ドラゴン、カンガルー、
騎士(きし)、さる、パイロット。
それに、赤(あか)ちゃんライオン。
くまの　目(め)も　もう
とじかかっています。

くまさん、夢(ゆめ)の　中(なか)へ
つれてってくれるの？

Y así está Lulu en el país de los sueños de los osos. El osito está pescando en el lago de Tagayumi. Y Lulu se pregunta, ¿quién vivirá arriba en los árboles?

Al terminar el sueño, Lulu quiere descubrir aún más cosas. ¡Ven conmigo, vamos a visitar al tiburón! ¿Qué estará soñando?

すると もう ルルは、くまの 夢(ゆめ)の 国(くに)の 中(なか)。
くまは タガユミ湖(こ)で 魚(さかな)を つっています。ルルは びっくり、
あの 木(き)の 上(うえ)に だれが すんでいるのだろう？夢(ゆめ)が おわる
と、ルルは もっと 見(み)たくなりました。
いっしょに おいでよ、サメのところへ いこう！ どんな 夢(ゆめ)を
見(み)ているのかなあ？

El tiburón está jugando a perseguir a los peces. ¡Por fin tiene amigos!
Nadie tiene miedo de sus dientes puntiagudos.

Al terminar el sueño, Lulu quiere descubrir aún más cosas. ¡Venid con
nosotros, vamos a visitar al elefante! ¿Qué estará soñando?

サメは　魚(さかな)たちと　鬼(おに)ごっこをしています。やっと　友(とも)だちが
できたのです！だれも　サメの　とがった　歯(は)を　こわがりません。
夢(ゆめ)が　おわると、ルルは　もっと　見(み)たくなりました。
いっしょに　おいでよ、ぞうのところへ　いこう！どんな　夢(ゆめ)を
見(み)ているのかなあ？

El elefante es tan ligero como una pluma y ¡puede volar! Está a punto de aterrizar en la pradera celestial.

Al terminar el sueño, Lulu quiere descubrir aún más cosas. ¡Venid con nosotros, vamos a visitar al ratoncito! ¿Qué estará soñando?

ぞうは　羽毛（うもう）のように　かるくなって、飛（と）ぶことができます！
ちょうど　空（そら）の　草（そう）げんに　おり立（た）つところです。
夢（ゆめ）が　おわると、ルルは　もっと　見（み）たくなりました。
いっしょに　おいでよ、小（こ）ネズミのところへ　いこう！どんな　夢（ゆめ）を
見（み）ているのかなあ？

El ratoncito está mirando la feria. Lo que más le gusta es la montaña rusa.
Al terminar el sueño, Lulu quiere descubrir aún más cosas. ¡Venid con
nosotros, vamos a visitar al dragón! ¿Qué estará soñando?

小(こ)ネズミは　えん日(にち)を　たのしんでいます。
一(いち)ばんの　おきにいりは　ジェットコースター。
夢(ゆめ)が　おわると、ルルは　もっと　見(み)たくなりました。
いっしょに　おいでよ、ドラゴンのところへ　いこう！　どんな　夢(ゆめ)を
見(み)ているのかなあ？

El dragón tiene sed de tanto escupir fuego. Le gustaría beberse todo el lago de limonada.

Al terminar el sueño, Lulu quiere descubrir aún más cosas. ¡Venid con nosotros, vamos a visitar al canguro! ¿Qué estará soñando?

ドラゴンは　火(ひ)を　たくさん　ふいたので、　のどが　かわいています。
レモネードの　湖(みずうみ)を　ぜんぶ　のみほせたら　さいこうだな。
夢(ゆめ)が　おわると、ルルは　もっと　見(み)たくなりました。
いっしょに　おいでよ、カンガルーのところへ　いこう！どんな　夢(ゆめ)を
見(み)ているのかなあ？

El canguro salta por la fábrica de dulces y llena toda su bolsa. ¡Más de los caramelos azules! ¡Y más piruletas! ¡Y chocolate!

Al terminar el sueño, Lulu quiere descubrir aún más cosas. ¡Venid con nosotros, vamos a visitar al caballero! ¿Qué estará soñando?

カンガルーは　あまい　おかしの　こうじょうを　ぴょんぴょん　とびまわって、
ふくろいっぱいに　つめこんでいます。あおい　あめ玉(だま)を　もっと
たくさん！ぺろぺろキャンディーも　もっと！それに　チョコレートも！
夢(ゆめ)が　おわると、ルルは　もっと　見(み)たくなりました。
いっしょに　おいでよ、騎士(きし)の　ところへ　いこう！どんな　夢(ゆめ)を
見(み)ているのかなあ？

El caballero está teniendo una pelea de pasteles con la princesa de sus
sueños. ¡Oh, no! ¡El pastel de crema ha ido en la dirección equivocada!
Al terminar el sueño, Lulu quiere descubrir aún más cosas. ¡Venid con
nosotros, vamos a visitar al mono! ¿Qué estará soñando?

騎士（きし）は　あこがれの　夢（ゆめ）の　王女（おうじょ）さまと　トルテ投（な）げ
遊（あそ）びをしています。おっと！　クリームトルテは　あたりませんでした！
夢（ゆめ）が　おわると、ルルは　もっと　見（み）たくなりました。
いっしょに　おいでよ、さるのところへ　いこう！　どんな　夢（ゆめ）を
見（み）ているのかなあ？

¡Por fin ha nevado en el país de los monos! Toda la banda de monos se ha vuelto loca y está haciendo tonterías.

Al terminar el sueño, Lulu quiere descubrir aún más cosas. ¡Venid con nosotros, vamos a visitar al piloto! ¿En qué sueño habrá aterrizado?

ついに さるの 国(くに)に 一(いち)どだけ 雪(ゆき)が ふりました！
さるたちは われを わすれて 大(おお)さわぎ。
夢(ゆめ)が おわると、ルルは もっと 見(み)たくなりました。
いっしょに おいでよ、パイロットのところへ いこう！どんな 夢(ゆめ)に
ちゃくりくしたのかなあ？

El piloto vuela y vuela. Hasta el fin del mundo y aún más allá, hasta las estrellas. Esto no lo ha conseguido ningún otro piloto.

Al terminar el sueño, están ya todos muy cansados y no desean descubrir mucho más. Pero aún quieren visitar al pequeño leoncito. ¿Qué estará soñando?

パイロットは　どんどん　飛(と)んでいきます。せかいの　はてまで、さらに
もっと　とおく星(ほし)ぼしのところまで。そんなことを　やりとげた
パイロットは　ほかにいません。
夢(ゆめ)が　おわると、みんな　もう　くたくたで、もう　そんなに　たくさん
見(み)たくありません。それでも　赤(あか)ちゃんライオンのところへは
いきたいな。どんな　夢(ゆめ)を　見(み)ているのかなあ？

El pequeño leoncito tiene nostalgia y quiere volver a su cálida y acogedora cama.

Y los demás también.

Y ahí empieza ...

赤(あか)ちゃんライオンは　ホームシックにかかって、あたたかい
ふわふわの　ベッドに　もどりたがっています。それに　ほかの　みんなも。

そして　これから　はじまるのは……

... el sueño más bonito
de Lulu.

……ルルの
とびっきり　すてきな　夢(ゆめ)。

Los autores

Cornelia Haas nació en 1972 cerca de Augsburg, Alemania. Después de su formación como fabricante de cárteles publicitarios, estudió diseño en la escuela técnica superior en Münster y allí se graduó como diseñadora. Desde 2001 ha ilustrado libros infantiles y juveniles, desde 2013 enseña como profesora de pintura acrílica y digital en la escuela técnica superior de Münster.

Ulrich Renz nació en 1960 en Stuttgart (Alemania). Después de estudiar literatura francesa en París, se graduó en la facultad de medicina de Lübeck y trabajó como director de una editorial científica. Hoy en día trabaja como publicista autónomo y, además de escribir libros de divulgación científica, escribe cuentos y libros infantiles.

ローマ字一覧表　ヘボン式
Rômaji Table (Hepburn System)

ひらがな　Hiragana

あ a	い i	う u	え e	お o			
か ka	き ki	く ku	け ke	こ ko	きゃ kya	きゅ kyu	きょ kyo
さ sa	し shi	す su	せ se	そ so	しゃ sha	しゅ shu	しょ sho
た ta	ち chi	つ tsu	て te	と to	ちゃ cha	ちゅ chu	ちょ cho
な na	に ni	ぬ nu	ね ne	の no	にゃ nya	にゅ nyu	にょ nyo
は ha	ひ hi	ふ fu	へ he	ほ ho	ひゃ hya	ひゅ hyu	ひょ hyo
ま ma	み mi	む mu	め me	も mo	みゃ mya	みゅ myu	みょ myo
や ya		ゆ yu		よ yo			
ら ra	り ri	る ru	れ re	ろ ro	りゃ rya	りゅ ryu	りょ ryo
わ wa				を o			
ん n							
が ga	ぎ gi	ぐ gu	げ ge	ご go	ぎゃ gya	ぎゅ gyu	ぎょ gyo
ざ za	じ ji	ず zu	ぜ ze	ぞ zo	じゃ ja	じゅ ju	じょ jo
だ da	ぢ ji	づ zu	で de	ど do			
ば ba	び bi	ぶ bu	べ be	ぼ bo	びゅ bya	びゅ byu	びょ byo
ぱ pa	ぴ pi	ぷ pu	ぺ pe	ぽ po	ぴゃ pya	ぴゅ pyu	ぴょ pyo

カタカナ Katakana

ア a	イ i	ウ u	エ e	オ o			
カ ka	キ ki	ク ku	ケ ke	コ ko	キャ kya	キュ kyu	キョ kyo
サ sa	シ shi	ス su	セ se	ソ so	シャ sha	シュ shu	ショ sho
タ ta	チ chi	ツ tsu	テ te	ト to	チャ cha	チュ chu	チョ cho
ナ na	ニ ni	ヌ nu	ネ ne	ノ no	ニャ nya	ニュ nyu	ニョ nyo
ハ ha	ヒ hi	フ fu	ヘ he	ホ ho	ヒャ hya	ヒュ hyu	ヒョ hyo
マ ma	ミ mi	ム mu	メ me	モ mo	ミャ mya	ミュ myu	ミョ myo
ヤ ya		ユ yu		ヨ yo			
ラ ra	リ ri	ル ru	レ re	ロ ro	リャ rya	リュ ryu	リョ ryo
ワ wa				ヲ o			
ン n							
ガ ga	ギ gi	グ gu	ゲ ge	ゴ go	ギャ gya	ギュ gyu	ギョ gyo
ザ za	ジ ji	ズ zu	ゼ ze	ゾ zo	ジャ ja	ジュ ju	ジョ jo
ダ da	ヂ ji	ヅ du	デ de	ド do			
バ ba	ビ bi	ブ bu	ベ be	ボ bo	ビャ bya	ビュ byu	ビョ byo
パ pa	ピ pi	プ pu	ペ pe	ポ po	ピャ pya	ピュ pyu	ピョ pyo

Here is Lulu's story in a Kanji-enriched and a Romaji version.

The Romaji transcription uses a version of the Hepburn System.

ルルのお話を、たくさん漢字を使ったテキストとローマ字のテキストにしました。

ローマ字は、ヘボン式で書きました。

わたしの　とびっきり　すてきな　ゆめ
私　　の　　とびっきり　素敵な　　夢
Watashi no　　tobikkiri　　　sutekina　　yume

ルルは　ねむれません。ほかの　みんなは　もう　ゆめを　みています。
ルルは　眠れません。　他の　みんなは　もう　夢　を　見ています。
Ruru wa　nemuremasen。　Hoka no　minna wa　mô　yume o　mite imasu。

サメや　ぞう、こネズミ、ドラゴン、カンガルー、きし、さる、パイロット。
鮫や　象、小鼠、　ドラゴン、カンガルー、騎士、猿、　パイロット。
Same ya　zô、　konezumi、　doragon、　kangarû、　kishi、　saru、　pairotto。

それに、あかちゃん ライオン。くま のめも、もう とじ かかっています。
それに、赤ちゃん　ライオン。熊　の目も、もう　閉じ かかっています。
Soreni、　akachan　raion。　Kuma no me mo、mô　toji kakatte　imasu。

くまさん、ゆめの なか へ つれてって くれる の？
熊　さん、夢　の中　へ 連れてって くれるの？
Kuma san、　yume no naka e tsuretette　kureru no？

すると　もう　ルルは、くまの　ゆめのくにのなか。
すると　もう　ルルは、熊　の　夢　の国　の中。
Suruto　mô　ruru wa、kuma no　yume no kuni no naka。

くま は タガユミこで さかなを つっています。
熊　は タガユミ湖で 魚　を　釣っています。
Kuma wa　tagayumi-ko de sakana o　tsutte　imasu。

ルル は びっくり、あの き の うえ に だれが すんで いる の だろう？
ルル は びっくり、あの 木 の 上 に 誰 が 住んで いる の だろう？
Ruru wa bikkuri、 ano ki no ue ni dare ga sunde iru no darô ?

ゆめ が おわる と、ルル は もっと みたく なりました。
夢 が 終わる と、ルル は もっと 見たく なりました。
Yume ga owaru to、ruru wa motto mitaku narimashita。

いっしょに おいでよ、サメ の ところへ いこう！
一緒 に おいでよ、鮫 の 所 へ 行こう！
Issho ni oide yo、 same no tokoro e ikô !

どんな ゆめ を みている の かなあ？
どんな 夢 を 見ている の かなあ？
Donna yume o mite iru no kanâ ?

サメ は さかなたちと おにごっこを しています。
鮫 は 魚 たちと 鬼 ごっこを しています。
Same wa sakana tachi to oni gokko o shite imasu。

やっと ともだちが できたので す！
やっと 友達 が 出来たので す！
Yatto tomodachi ga dekita nodesu !

だれも サメ の とがった は を こわがりません。
誰 も 鮫 の 尖った 歯 を 怖がりません。
Dare mo same no togatta ha o kowagarimasen。

ゆめ が おわる と、ルル は もっと みたく なりました。
夢 が 終わる と、ルル は もっと 見たく なりました。
Yume ga owaru to、ruru wa motto mitaku narimashita。

いっしょに おいでよ、ぞう のところへ いこう！
一緒に おいでよ、象 の 所 へ 行こう！
Issho ni oide yo、zô no tokoro e ikô !

どんな ゆめ を みている の かなあ？
どんな 夢 を 見ている の かなあ？
Donna yume o mite iru no kanâ ?

ぞう は うもう の ように かるくなって、とぶ こと が できます！
象 は 羽毛 の 様 に 軽くなって、 飛ぶ事 が 出来ます！
Zō wa umô no yô ni karukunatte、 tobukoto ga dekimasu !

ちょうど そらのそうげんに おりたつ ところ です。
ちょうど 空 の 草原 に 降り立つ 所 です。
Chôdo sora no sôgen ni oritatsu tokoro desu。

ゆめ が おわる と、ルルは　もっと　みたく　なりました。
夢　が 終わる　と、ルルは　もっと　見たく　なりました。
Yume ga owaru　to、ruru wa　motto　mitaku narimashita。

いっしょに　おいでよ、こネズミ の ところへ　いこう！
一緒　に　おいでよ、小鼠　の 所　へ　行こう！
Issho ni　oide　yo、konezumi no tokoro e　ikô！

どんな　ゆめを　みているのかなあ？
どんな 夢 を　見ているのかなあ？
Donna　yume o　mite iru　no kanâ？

こネズミ は　えんにちを　たのしんでいます。
小鼠　は 縁日　を 楽しんで　います。
Konezumi wa　en-nichi　o　tanoshinde　imasu。

いちばん の　おきにいりは　ジェットコースター。
一番　の　お気に入りは　ジェットコースター。
Ichiban　no　okiniiri　wa　jettokôsutâ。

ゆめ が おわる と、ルルは　もっと　みたく　なりました。
夢　が 終わる　と、ルルは　もっと　見たく　なりました。
Yume ga owaru　to、ruru wa　motto　mitaku narimashita。

いっしょに　おいでよ、ドラゴン の ところへ　いこう！
一緒　に　おいでよ、ドラゴンの 所　へ　行こう！
Issho　ni oide　yo、doragon no tokoro e　ikô！

どんな　ゆめを　みているのかなあ？
どんな 夢 を　見ているのかなあ？
Donna　yume o　mite iru　no kanâ？

ドラゴンは　ひを　たくさん　ふいたので、　のどが　かわいています。
ドラゴンは 火を 沢山　吹いたので、 喉 が 乾いて います。
Doragon　wa　hi o　takusan　fuita　node、 nodo ga　kawaite　imasu。

レモネードの　みずうみを　ぜんぶ　のみほせたら　さいこうだ な。
レモネードの 湖　を 全部　飲み干せたら 最高だ　な。
Remonêdo　no　mizu-umi o　zenbu　nomihosetara　saikôda　na。

ゆめ が おわる と、ルルは　もっと　みたく　なりました。
夢　が 終わる　と、ルルは　もっと　見たく　なりました。
Yume ga owaru　to、ruru wa　motto　mitaku narimashita。

いっしょに　おいでよ、カンガルーの　ところへ　いこう！
一緒　　に　おいでよ、カンガルーの　所　　へ　行こう！
Issho　ni　　oide yo、kangarû　no tokoro e　ikô！

どんな　ゆめを　みているのかなあ？
どんな　夢　を　見ているのかなあ？
Donna　yume o　mite iru　no kanâ？

カンガルーは　あまい　おかしの　こうじょうを　ぴょんぴょん
カンガルーは　甘い　　お菓子の　工場　　　を　ぴょんぴょん
Kangarû　wa　amai　okashi no　kôjô　　　o　pyonpyon

とびまわって、ふくろいっぱいに　つめこんでいます。
飛び回って、袋　　一杯　　に　詰め込んでいます。
tobimawatte、fukuro ippai　ni　tsumekonde imasu。

あおい　あめだまを　もっと　たくさん！
青い　　飴玉　を　もっと　沢山！
Aoi　　ame dama o　motto　takusan！

ぺろぺろ キャンディーも　もっと！
ぺろぺろ キャンディーも　もっと！
Peropero kyandî　　mo　motto！

それに　チョコレートも！
それに　チョコレートも！
Sore ni　chokorêto　mo！

ゆめが おわる と、ルルは　もっと　みたく なりました。
夢　が 終わる と、ルルは　もっと　見たく なりました。
Yume ga owaru　to、ruru wa　motto　mitaku narimashita。

いっしょに　おいでよ、きしの ところへ　いこう！
一緒に　おいでよ、　騎士の 所　　へ　行こう！
Issho ni　oide yo、　kishi no tokoro e　ikô！

どんな　ゆめを　みているのかなあ？
どんな　夢　を　見ているのかなあ？
Donna　yume o　mite iru　no kanâ？

きしは　あこがれ の ゆめ の おうじょ さま と
騎士 は　憧れ　　の夢　の王女　　様　と
Kishi wa　akogare　no yume no ôjo　　sama to

トルテ なげ　あそび を　して います。
トルテ 投げ　遊び　を　して います。
torute nage　asobi o　shite imasu。

おっと！クリームトルテ は　あたりません でした！
おっと！クリームトルテ は　当たりません でした！
Otto！　　Kurîmutorute　wa　atarimasen　deshita！

ゆめ が おわる と、ルル は　もっと　みたく なりました。
夢　が 終わる と、ルル は　もっと　見たく なりました。
Yume ga owaru to、ruru wa　motto　mitaku narimashita。

いっしょに　おいでよ、さる の ところ へ　いこう！
一緒に　　　おいでよ、猿　の 所　　へ　行こう！
Issho ni　　oide yo、saru no tokoro e　ikô！

どんな　ゆめ を　みて いる の かなあ？
どんな　夢　を　見て いる の かなあ？
Donna　　yume o　mite iru　no kanâ？

ついに　さる の くに に　いちどだけ　ゆき が　ふりました！
遂に　　猿　の 国 に　一度だけ　　雪　が　降りました！
Tsuini　saru no kuni ni　ichidodake　yuki ga　furimashita！

さるたち は　われ を　わすれて　おおさわぎ。
猿 達 は　我 を　忘れて　　大騒ぎ。
Saru tachi wa　ware o　wasurete　ôsawagi。

ゆめ が おわる と、ルル は　もっと　みたく なりました。
夢　が 終わる と、ルル は　もっと　見たく なりました。
Yume ga owaru　to、ruru wa　motto　mitaku narimashita。

いっしょに　おいでよ、パイロット の ところ へ　いこう！
一緒　　に　おいでよ、パイロット の 所　　へ　行こう！
Issho　ni　oide　yo、pairotto　no tokoro e　ikô！

どんな　ゆめ に　ちゃくりく　した の かなあ？
どんな　夢　に　着陸　　　した の かなあ？
Donna　yume ni　chakuriku　shita no kanâ？

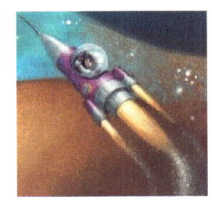

パイロットは　どんどん　とんで　いきます。
パイロットは　どんどん　飛んで　行きます。
Pairotto　　wa　dondon　　tonde　　ikimasu。

せかいの　はてまで、さらに　もっと　とおくのほしぼしのところまで。
世界　の　果てまで、更に　もっと　遠く　の星々　　の　所　　まで。
Sekai　no　hate made、sara ni　motto　　tôku　no hoshiboshi no tokoro　made。

そんな　ことを　やりとげた　パイロットは　ほかに　いません。
そんな　事　を　やり遂げた　パイロットは　他　に　いません。
Sonna　　koto o　yaritogeta　　pairotto　　wa　hoka ni　imasen。

ゆめがおわると、ルルは　もっと　みたく　なりました。
夢　が　終わると、ルルは　もっと　見たく　なりました。
Yume ga owaru　to、ruru wa　motto　　mitaku　narimashita。

もう　そんなに　たくさん　みたく　ありません。
もう　そんなに　沢山　　　見たく　ありません。
Mô　　sonnani　takusan　　mitaku　arimasen。

それでも　あかちゃんライオンの　ところへは　いきたいな。
それでも　赤ちゃん　ライオンの　所　　へは　行きたいな。
Soredemo　akachan　raion　　no tokoro e wa　ikitai　　na。

どんな　ゆめを　みているのかなあ？
どんな　夢　を　見ているのかなあ？
Donna　　yume o　mite iru　no kanâ？

あかちゃんライオンは　ホームシックに　かかって、あたたかい　ふわふわの
赤ちゃん　ライオンは　ホームシックに　罹って、　暖かい　　　ふわふわの
Akachan　raion　wa　hômushikku　ni　kakatte、　atatakai　　fuwafuwa no

ベッドに　もどりたがっています。それに　ほかの　みんなも。
ベッドに　戻りたがって　います。それに　他　の　みんなも。
beddo　ni　modoritagatte　imasu。Soreni　hoka no　minna　mo。

そして　これから　はじまる　のは……
そして　これから　始まる　のは……
Soshite　korekara　hajimaru　no wa……

……ルルの　とびっきり　すてきな　ゆめ。
……ルルの　とびっきり　素敵な　　夢。
……ruru no　tobikkiri　　sutekina　yume。

¿Te gusta pintar?

Aquí encontrarás las ilustraciones de la historia para colorear:

www.sefa-bilingual.com/coloring

Lulu también le recomienda...

**Que duermas bien,
pequeño lobo**

Edad recomendada: a partir de 2 años

con audiolibro y vídeo online

Tim no puede dormir. ¡Su lobo pequeño no está! ¿Quizás lo olvidó afuera?
Solo se encamina a la noche – y recibe inesperadamente compañía...

¿Disponible en tus idiomas?

► Consulta nuestro „Asistente de idiomas" :

www.sefa-bilingual.com/languages

Los cisnes salvajes

Basado en un cuento de hadas de Hans Christian Andersen

Edad recomendada: a partir de 4-5 años

„Los cisnes salvajes» de Hans Christian Andersen de buena razón es uno de los cuentos más leídos del mundo. De forma atemporal enfoca temas del drama humano: miedo, valentía, amor, traición, separación y reencuentro.

¿Disponible en tus idiomas?

► Consulta nuestro „Asistente de idiomas" :

www.sefa-bilingual.com/languages

© 2023 by Sefa Verlag Kirsten Bödeker, Lübeck, Germany
www.sefa-verlag.de

Special thanks to Paul Bödeker, Freiburg, Germany
Font: Noto Sans

All rights reserved. No part of this book may be reproduced without the written consent of the publisher

ISBN: 9783739962733

www.ingramcontent.com/pod-product-compliance
Lightning Source LLC
Chambersburg PA
CBHW041435120626
46547CB00002B/221